Laetitia PARY
Éditeur : Books on Demand GmbH
12, 14 rond point des Champs Elysées
PARIS, France
Impression : Books on Demand, GmbH
Worderstedt, Allemagne
ISBN : 9782322160587
Dépôt légal : Août 2018
Tous droits réservés pour tous pays

Et si c'était bien réel...

Témoignage/ Biographie

Laetitia PARY

Les vacances
Juillet 1999.

L'été est arrivé, il est temps de prendre la route des vacances. À la mi-juillet, nous partons en Normandie, maman, mon frère et moi. Nous nous rendons plus précisément à Ceaucé, un petit village situé dans le département de l'Orne, pour séjourner chez mes grands-parents maternels.

Jean-Louis, mon beau-père, nous y accompagne en voiture, mais il ne restera que le temps d'un repas. Il repartira sur la région parisienne, et profitera de notre absence pour réaliser quelques travaux dans notre maison.

Je viens d'avoir 15 ans, mon frère a 3

ans. J'aime aller chez mes grands-parents. J'ai des liens très forts avec eux, surtout avec mon grand-père. Je suis la première petite-fille, et j'ai conscience que cette place m'a souvent fait bénéficier de privilèges et de passe-droits.

Pendant ces temps de vacances, mon grand-père et moi passons beaucoup de moments ensemble. Nous partageons des choses simples, mais qui restent gravées dans ma mémoire : nous allons au parc, il m'emmène faire les magasins… Nous avons aussi pour habitude de nous rendre dans un petit bazar, situé dans le centre de la ville la plus proche, Domfront, et j'en ressors le plus souvent avec une babiole à la main. Mon grand-père m'emmène également faire du cheval, dans une ville un peu plus éloignée, Bagnoles-de-l'Orne. Il ferait vraiment tout pour moi, j'en suis certaine. Il me laisse d'ailleurs passer beaucoup de choses, peut-être un peu trop. Mais c'est un peu le rôle des papys (et mamies), non ?

Mon grand-père s'appelle Maurice, c'est un homme que j'admire beaucoup. Il est de taille et de corpulence moyennes, blond avec une calvitie prononcée, les yeux bleus. Quand je remonte dans mes souvenirs, un détail qui le caractérisait était qu'il détestait que quiconque lui touche les cheveux ; mais si c'était moi, alors il ne disait rien. Ce qui avait le don d'agacer ma maman. Lorsque j'étais encore assez petite (un peu trop pour pouvoir m'en rappeler), maman m'a rapporté que nous séjournions chez mes grands-parents, et qu'elle souffrait d'une rage de dents. Mes pleurs étaient devenus insoutenables, et elle ne parvenait pas à m'apaiser. Pour que je puisse retrouver mon calme, mon grand-père avait joué au ballon avec moi, en pleine nuit, à deux heures du matin ! Une anecdote m'a davantage marquée, et me fait encore sourire : je devais être âgée de 7 ans, environ, et nous étions partis en balade avec mes grands-parents. Il y avait des biquettes, à qui nous donnions à manger, à l'aide de seaux. Après m'être penchée vers elles, au moment de relever la tête, j'ai pris un petit coup de corne. Il s'agit de petites anecdotes de vacances, mais qui restent marquantes, et que l'on aime encore évoquer, des années plus tard

Adolescente, à une époque où il n'y avait pas encore de téléphones portables — ou très peu —, j'ai pris pour habitude d'appeler mes grands-parents le mercredi, pendant l'une des récréations. Je veillais à toujours avoir une carte téléphonique sur moi, car mon collège, comme beaucoup d'établissements, offrait la possibilité aux élèves de disposer d'une cabine téléphonique. C'était devenu un rituel entre nous : mes grands-parents attendaient mon appel, et si, pour une raison ou pour une autre, je ne le faisais pas, ce rendez-vous leur manquait ; ils étaient même inquiets. Mes grands-parents ont toujours eu une place très importante dans ma vie. Ces vacances étaient donc toujours une occasion pour nous retrouver, nous remémorer ces souvenirs et en fabriquer de nouveaux. Un moment très attendu de nous tous.

Maman et moi

Je suis née en juillet 1984. Maman m'a eue à l'âge de 21 ans, et s'est séparée de mon père lorsque j'avais 2 ans. Je n'ai aucuns souvenirs de mes parents ensemble. Et je n'ai pas souffert de leur divorce. Ce que je sais, c'est qu'à partir de leur séparation, ma mère a toujours fait en sorte que je ne manque de rien. Elle m'a élevée seule, travaillant, faisant tout pour que je garde le contact avec mon père, parti vivre dans le Sud. Bien qu'elle ne perçoive de sa part aucune pension alimentaire, elle a fait le maximum pour que je puisse aller le voir, prenant à sa charge les trajets en avion, alors que sa situation financière n'était pas toujours évidente. Elle ne m'a jamais parlé de mon père en mal, ne l'a jamais critiqué en ma présence.

Nous vivions toutes les deux dans un petit appartement de deux pièces, au cinquième étage d'un immeuble sans ascenseur, dans la région parisienne, à Fontenay-sous-Bois. J'adorais notre appartement, j'en garde d'excellents souvenirs ; malgré le fait qu'il était petit, j'ai le sentiment que notre vie y était heureuse. C'était notre petit cocon. Nous faisions beaucoup de choses toutes les deux : des jeux de société, des sorties à la bibliothèque, au parc, au marché...

À cette période, mes grands-parents habitaient seulement à quelques kilomètres de chez nous. Nous les voyions régulièrement, et ils apportaient toute l'aide qu'ils pouvaient à ma mère. Mon papi travaillait dans usine pharmaceutique, où il tournait en trois-huit. Un rythme difficile, mais qui ne l'empêchait pas de se montrer dynamique et volontaire. Ma mamie, elle, ne travaillait pas.

Mon grand-père et moi, en 1987

Quand mon grand-père a été en âge de prendre sa retraite, en 1989, ma grand-mère et lui sont partis s'installer dans le petit village de Ceaucé, en Normandie. La maison de famille qui allait les accueillir appartenait à mon arrière-grand-mère paternelle, que je n'ai pas connue. À partir de ce moment, la distance nous a contraintes à espacer nos visites ; nous nous rendions chez eux en train, maman n'ayant pas le permis de conduire. C'était un vrai regret, de les savoir loin de chez nous. Un manque, pour nous tous.

L'arrivée de Jean-Louis

Durant l'été 1990, ma mère et moi sommes parties passer quelques jours à Argelès-sur-Mer : nos premières vacances à deux ! C'était totalement inédit pour nous, de pouvoir nous échapper ainsi, toutes les deux. Nous séjournions dans un hôtel avec piscine et proche de la mer. Des vacances mère-fille riches en partages. Pendant notre séjour, maman a fait une rencontre : il s'agissait de Jean-Louis, l'un des serveurs, avec qui elle a rapidement sympathisé. Je me souviens qu'il se montrait adorable avec moi. Au moment de se quitter, ils se sont proposé d'échanger leurs coordonnées, avec l'idée de se revoir.

Les vacances se terminèrent et nous prîmes le chemin du retour. Et quelques semaines plus tard, Jean-Louis recontactait ma mère, lui annonçant qu'il serait bientôt de passage sur Paris ; il l'invitait à le retrouver autour d'un café. Proposition aussitôt acceptée ! J'étais alors en vacances en Normandie, chez mes grands-parents.

Après ces retrouvailles, maman et Jean-Louis ont passé plusieurs jours ensemble, ne parvenant plus à se quitter. Leur duo est venu me rejoindre en vacances. Je me souviens que nous étions rentrés un peu plus tôt de la plage, pour pouvoir les accueillir. Mes grands-parents l'ont tout de suite accepté, et moi aussi.

À notre retour à la maison, Jean-Louis est venu s'installer avec nous. Bien sûr, au début, cela n'a pas été évident pour moi. Jusque-là, je vivais seule avec maman, et n'avais jamais eu à la partager. J'étais habituée à mon petit confort, fonctionnais avec de petits caprices... Le changement n'était pas le bienvenu, évidemment.

Mais, petit à petit, Jean-Louis a su s'imposer, trouver sa place. Il s'est occupé de moi, et m'a éduquée aux côtés de ma mère comme l'aurait fait un père avec sa fille. Pourtant, il n'a jamais cherché à remplacer mon père, ni à m'empêcher de le voir. Il a d'ailleurs refusé que je l'appelle « papa », lorsque j'ai tenté de le faire. Il a toujours veillé à rester à sa place...

Sa présence dans nos vies nous rendait toutes les deux très heureuses. Jean-Louis m'a toujours considérée comme sa propre fille, et il a endossé le rôle de père, pour moi. Par ailleurs, le peu de liens que j'avais avec mon vrai père s'est peu à peu étiolé. Je ne garde pas de bons souvenirs de mes séjours chez lui, car il s'arrangeait toujours pour que quelqu'un d'autre que lui s'occupe de moi. Et en grandissant, j'ai fait le choix de ne plus y aller. J'avais tout l'équilibre et le bonheur dont j'avais besoin auprès de ma mère et de Jean-Louis. Nous vivions tous les trois comme s'il n'en n'avait jamais été autrement. Nous allions à la piscine, partions faire des balades en forêt, au parc, nous faisions du roller… Une vie de famille très agréable.

Jean-Louis était issu d'une grande famille, ils étaient six frères et sœurs. Après quelques mois de vie commune avec maman, il a souhaité nous faire rencontrer sa famille. Presque tous ses proches habitaient dans la région du Vaucluse, près d'Avignon. Nous sommes d'abord partis tous les deux en train, maman ne pouvant pas se libérer de son travail cette fois-ci. Lorsque nous sommes arrivés dans la maison des parents de Jean-Louis, située dans un petit village à Malemort-du-Comtat, j'ai tout de suite éprouvé un accueil très chaleureux de la part de chacun. J'ai aussitôt senti que je faisais partie intégrante de la famille. Ses parents, sœurs, beaux-frères, nièces et neveux, sont très vite devenus mes grands-parents, tantes, oncles, cousines et cousins. Peu de temps après, nous y sommes retournés, mais accompagnés de ma mère, et cela a été la même chose, nous avons connu le même accueil. Maman a tout de suite été acceptée et aimée. J'étais très heureuse de m'y rendre, pendant les vacances : nous étions toujours beaucoup d'enfants, avec mes cousins et cousines, avec nos copains et copines du village…

Quelques années après être entrée dans la famille de Jean-Louis, j'ai demandé à mes parents si je pouvais, comme mes cousins, avoir un parrain et une marraine. N'étant pas baptisée, ils ont accepté que je choisisse une marraine et un parrain de cœur. Car, pour me faire baptiser officiellement, il aurait fallu l'accord de mon père biologique, ce qui était difficilement envisageable au vu de nos relations. Mon choix s'est porté vers Corine, la sœur de Jean-Louis, et vers Jean-Yves, son beau-frère. Je me sentais particulièrement proche de ces deux membres de la famille, et même si je l'étais avec tous, les liens que j'avais tissés avec eux étaient différents, plus forts.

À plusieurs reprises, il nous est arrivé de prendre la direction du Sud, et de débarquer par surprise, pour passer le temps d'un week-end en famille. Nous arrivions en pleine nuit, frappant à la porte de chez mes grands-parents, ou à celle de mon parrain et de ma tante. Tous vivaient sur le même terrain. Nous passions alors une bonne partie de la nuit à discuter, à rire, à nous retrouver. Et, lorsque nos petits séjours débordaient sur des jours de semaine, me sachant présente chez eux, il était très dur pour mes cousins et cousines de devoir prendre le chemin de l'école. Mais il leur arrivait parfois d'en être exemptés. Ce sont de merveilleux souvenirs, dont nous parlons encore aujourd'hui. Des moments vraiment inoubliables.

Un nouveau départ à quatre

J'avais presque 12 ans lorsque mon petit frère, Alexis, est né. J'étais aux anges, complètement « gaga ». Je m'en occupais comme une petite maman. C'était *mon petit frère*, et non pas *mon demi-frère*. Je n'ai jamais employé ce terme pour parler de lui, au même titre que, quand j'évoquais Jean-Louis auprès de mes copines ou de mon entourage, je disais *mon père*, jamais *mon beau-père* — d'ailleurs, dans la suite de mon récit, j'écrirai *mon père*, pour parler de Jean-Louis.

Peu après la naissance d'Alexis, notre appartement étant devenu un peu trop étroit, nous avons déménagé pour nous installer dans une maison avec jardin : le début d'une vie à quatre, pour le plus grand bonheur de tous. Notre nouvelle maison me plaisait, j'y avais une chambre pour moi seule, et un bout de jardin. Mais notre appartement me manquait quand même, car j'y avais beaucoup d'attaches et je regrettais son emplacement géographique. Il se situait tout près de mon établissement scolaire, de chez mes copines, de la bibliothèque dans laquelle je me rendais régulièrement. J'allais devoir m'intégrer dans une nouvelle ville, bien qu'elle soit peu éloignée de l'ancienne, et j'allais être contrainte de prendre de nouveaux repères, et de fréquenter un nouveau collège. Cependant, prendre un nouveau départ était essentiel pour nous quatre.

J'ai vécu une enfance très heureuse. J'ai reçu beaucoup d'amour de mes parents, de ma famille, de mon petit frère, et n'ai manqué de rien. Mes parents m'ont apporté une bonne éducation, ils m'ont appris le respect, la valeur des choses, tout en se montrant très ouverts et à l'écoute. Avec eux, nous pouvions parler de tout, sans tabou ; d'ailleurs, mes copines adoraient venir à la maison : tout ce qu'elles ne disaient pas chez elles, elles le confiaient volontiers à mes parents.

J'étais une enfant plutôt sage et obéissante, mes parents avaient confiance en moi. Bien que mon caractère n'ait pas toujours été facile, surtout au moment de l'adolescence, je n'ai jamais fait de grosses bêtises. Mon comportement était plutôt bon ; même si, à l'école — je n'ai jamais vraiment été adepte du système scolaire —, mes résultats l'étaient moins...

Un été pas comme les autres

Cet été de 1999 sera différent. Il n'y aura ni parc, ni boutiques, ni même cheval.

Comme toujours, je suis ravie de partir en vacances chez mes grands-parents. Ils paraissent vraiment très heureux de nous voir arriver. Comme d'habitude, mon petit frère et moi trouvons un sac plein de biscuits et de bonbons, confectionné à notre attention. Il s'agit d'un petit rituel, pour accueillir chaque petit-enfant qui vient en vacances, ou pour le week-end : un sachet rempli de gâteaux et de confiseries est là, qui nous attend. Rien ne semble différent. Rien ne l'est, jusque-là. C'est avec joie et enthousiasme que je retrouve mes grands-parents, leur maison, leur jardin, les poules…

Cette maison a beaucoup de valeur sentimentale à mes yeux. Il s'agit d'une grande maison placée en bord de route. On y entre par un petit portillon noir qui donne sur une cour. En face du portillon, une porte d'entrée solide, en bois et en verre. En entrant, nous nous retrouvons dans une grande pièce à vivre composée d'une cuisine ouverte, d'une salle à manger, avec un grand buffet ancien en bois, ainsi que d'un petit coin canapé–télé. Une porte ouvre sur un grand garage, par lequel on peut rejoindre un second séjour qui fait office de salon. La maison offre également un étage, auquel nous accédons par l'escalier situé dans la pièce à vivre principale. La première pièce, sur le palier, est la chambre de mon papi, elle est composée de deux lits individuels. Puis, se trouvent un salon aménagé de fauteuils et d'un téléviseur, une salle de bain et un petit escalier débouchant sur un grenier. Après le salon, la chambre de ma grand-mère, dans laquelle je dors, lors de mes séjours. Il s'agit d'une très grande chambre avec un lit deux places et un autre, une place. Il y a enfin une autre très grande pièce qui sert de débarras, et comprend une salle de bain supplémentaire ainsi qu'un nouveau petit escalier donnant sur un autre grenier. L'accès au jardin peut se faire par le grand portail situé à l'extérieur de la maison, ou bien par l'une des deux portes situées dans la maison, l'une dans la pièce principale, l'autre, dans la seconde salle à manger du rez-de-chaussée. Le jardin est vaste, composé d'un grand poulailler, d'un potager, d'une grange. Un endroit plus qu'agréable pour passer de belles vacances et inscrire plein de moments dans sa mémoire d'enfant.

Trois jours après notre arrivée, je demande à mes grands-parents l'autorisation d'inviter Célia, une copine du village, à venir passer une nuit à la maison. Ils acceptent. Nous avons eu l'occasion de sympathiser lors de mes précédents séjours à Ceaucé. Nous sommes toutes les deux du même âge, elle habite seulement à quelques mètres de chez eux.

Ce soir-là, après le repas, une dispute éclate entre ma mère et mon grand-père. Je n'ai pas de souvenirs quant à l'objet de leur désaccord, mais il ne fait aucun doute qu'il s'agit d'une banale querelle, comme il peut s'en produire entre un père et sa fille. Il est vrai, tous les deux sont un peu chien et chat, par moments ; mais ils s'aiment énormément. Ma mère adore son père, elle l'admire, même. Leurs discussions peuvent être animées, chacun ayant un caractère fort et voulant défendre ses idées. Cependant, leurs fâcheries ne durent jamais. Chacun culpabilise de son côté, rumine un moment, puis ils finissent toujours par se réconcilier, et se serrer dans les bras.

La soirée étant bien avancée, ma grand-mère, ma mère et mon frère vont se coucher, à l'étage. Nous en profitons, ma copine et moi, pour rester un peu plus tard en bas, regarder la télévision et papoter entre filles. À plusieurs reprises, mon grand-père vient nous demander si nous ne voulons pas aller nous coucher, si nous ne sommes pas fatiguées. Il semble pressé de nous voir monter, et nous finirons par le faire, sans nous poser plus de questions. Ce soir-là, lui dort au rez-de-chaussée, sur un canapé-lit situé dans le salon, à l'autre bout de la maison. Pour quelle raison ? Je ne sais plus, peut-être parce qu'il laisse sa chambre à ma mère et à mon frère.

C'est vers sept heures du matin, que Célia me réveille brusquement, en me disant : « Ta mère crie, j'ai entendu un grand bruit en bas, comme un coup de feu. »

Le temps d'émerger, d'entendre également ma mère, je me lève.

Je descends les escaliers à toute hâte, et me dirige vers l'endroit d'où proviennent les cris : je devine que c'est la pièce où dormait mon grand-père. La maison me paraît être encore plus grande… Je traverse la cuisine, la salle-à-manger, le garage, pour enfin rejoindre le salon. Là, je m'arrête net, sur le seuil de la porte, je tourne la tête vers la gauche en direction du canapé-lit. Je vois mon grand-père étendu par terre, dans les bras de sa fille. Son visage est en sang, il gémit. Ma mère est en larmes, elle hurle, elle pleure, elle me supplie d'appeler les secours.

Mon amie ne s'est pas trompée, il s'agissait bien d'un coup de feu : mon grand-père vient de se tirer une balle dans la tempe à l'aide d'un fusil. Peu de chances de survivre à un tel geste…

Je comprends, sans comprendre. Je cours en sens inverse, remonte les escaliers. Je demande à ma grand-mère de contacter les pompiers. Elle ne réagit pas. J'ai l'impression qu'elle ne m'entend pas. Je prends le téléphone, je ne réfléchis pas vraiment, tout est automatique, instinctif. Je ne me souviens plus exactement comment je leur explique ce que je peine à croire : « Mon grand-père est en train de mourir », « il s'est suicidé », « il s'est tiré une balle ». Je ne sais plus exactement, cela reste flou... Je retourne alors auprès de ma mère et de mon grand-père. Je saisis le fusil qui est posé sur le lit, et le déplace sur la table, juste derrière nous ; encore une fois, je fais cela de manière machinale.

Les pompiers arrivent enfin. Après un temps qui nous paraît interminable. Je quitte le salon et retourne dans la pièce à vivre afin de leur laisser faire leur travail. Après une longue attente qui semble ne plus finir, les pompiers reviennent, et leur verdict tombe, implacable : « Il est décédé. Désolés, nous n'avons rien pu faire. »

Tout s'arrête brutalement, comme si

une bombe atomique venait de nous anéantir.

Pour toujours, je devrai vivre avec cette image de mon grand-père, gémissant, le visage en sang, blotti contre le corps de ma mère.

Je pleure, tout le monde pleure. Sauf ma grand-mère, pas tout de suite. Elle se comporte comme si la situation n'avait rien d'anormal, un peu comme si son cerveau s'était figé ; aucun sentiment ne transparaît lorsqu'elle demande aux pompiers s'ils ont besoin de papiers, si elle a des affaires à préparer. Je ne comprends pas sa réaction. Je lui en veux, même, car elle me donne l'impression de ne ressentir aucune peine. Plus tard, je comprendrai que ce n'était bien sûr pas le cas, que nous n'avons pas tous la même manière de gérer nos émotions. À ce moment-là, elle ne prend pas réellement la mesure de ce qui vient de se produire. Mais je crois que personne ne peut le réaliser complètement.

Ma mère, elle, est dans tous ses états. Elle vient de perdre son père adoré, de cette façon, et il s'est éteint dans ses bras… Après une dispute avec elle la veille… Pour elle, difficile de ne pas se sentir fautive. J'imagine combien d'idées doivent se bousculer, dans sa tête, pendant ce laps de temps.

Alors que nous sommes encore sous le choc, nous devons répondre aux convocations des gendarmes, qui veulent effectuer des interrogatoires. Un suicide implique systématiquement une enquête, d'autant plus s'il y a usage d'une arme à feu. Comme ma mère et ma grand-mère, je suis entendue par les gendarmes : ils me questionnent pendant deux longues heures, malgré mes 15 ans. Je ne comprends pas pourquoi toutes ces questions, je suis incohérente dans mes réponses : « Y a-t-il eu une dispute entre votre mère et votre grand-père ? – Non. » Je ne sais pas ce que je dois dire. Ce que je dois éviter de dire. Je ne sais même pas ce qui s'est réellement passé. Pour moi, cela fait le même effet que lorsque l'on va en consultation chez le médecin, et que l'on a tellement mal, qu'au moment où il nous ausculte, on ne sait plus vraiment à quel endroit, ni pourquoi on a mal. J'ai 15 ans, je suis en pleine adolescence, j'avais juste invité une copine à dormir pendant les grandes vacances. Et je me retrouve à la gendarmerie, à répondre à des questions. Je vis un cauchemar, je vais me réveiller. Mon grand-père ne peut pas être mort, il ne peut pas avoir fait ce choix, m'avoir abandonnée, moi qui l'aime tant. Lui aussi, m'aime énormément. Il ne peut pas être parti comme cela, de cette manière. Il ne peut pas nous avoir quittés, en mourant dans les bras de ma mère ; en la laissant dans cet état, pleine de larmes, pleine de culpabilité, de remords, de tristesse. Ma copine est présente avec nous à la gendarmerie, elle demande à téléphoner à ses parents, afin de les informer du drame qui vient de se produire. Son papa décroche le téléphone, elle lui explique, il ne la croit pas. Il lui dit : « C'est une blague, allez, passe-moi Maurice ! » Malheureusement, il ne s'agit pas d'un canular. Comment peut-il croire que sa fille est en train de plaisanter sur ce sujet si douloureux ? Malgré tout, je le comprends, cela doit être tellement difficile à croire. Il va finir par comprendre lui aussi que le moment est sérieux, et par nous rejoindre pour récupérer sa fille.

Et si… mon grand-père l'avait fait ? Si c'était bien réel ? Nous n'allions pas nous réveiller. Il s'était bel et bien suicidé. Il était vraiment parti pour toujours, sans une explication, sans une lettre, sans un au revoir.

Mais bien sûr, pas à cause d'une dispute. On ne se suicide pas pour une dispute. Malgré la culpabilité ressentie par ma mère, malgré son sentiment d'être vue comme responsable du décès de son père, je ne lui en ai jamais voulu, pas un instant, sachant pertinemment qu'elle n'était en rien responsable de ce geste. Cette décision, il ne l'a pas prise sur un coup de tête, elle était réfléchie. Mais pourquoi en arriver là ? Pourquoi de cette manière ? Pourquoi en notre présence ?Pourquoi sans explications ? Une foule de questions que nous nous poserons toujours, et auxquelles nous n'aurons jamais aucune réponse.

Leur vie en Normandie

Depuis leur emménagement en Normandie, mes grands-parents vivaient seuls, loin de leurs famille et amis, dans une très grande maison. Un peu trop grande, peut-être, étant donné qu'ils n'étaient que tous les deux. Quoiqu'à une époque, j'aie vécu là-bas et fréquenté l'école du village pendant quelques mois, lorsque nous étions seules, ma mère et moi. Elle avait eu besoin de me confier quelques temps à mes grands-parents.

J'aimais beaucoup cette maison de campagne, avec ses nombreuses pièces, ses deux greniers, sa grange, son grand jardin avec un immense poulailler et un beau potager… Je m'y sentais si bien. Mes grands-parents avaient établi un rituel, qui se perpétuait à la naissance de chacun de leurs petits-enfants : pour célébrer notre naissance, un nouveau sapin prenait place, dans leur jardin. Étant leur première petite-fille, le sapin planté le premier fut donc le mien. Je me plaisais à constater combien mon arbre avait poussé, à chaque fois que je venais leur rendre visite. L'un de mes petits plaisirs était aussi de m'occuper de leurs volailles : je les nourrissais, les faisais sortir de leur abri le matin, et veillais à les faire rentrer le soir. Un vrai bonheur, pour l'enfant que j'étais. Plus tard, je retrouvais dans leur jardin un portique, offert par mes parents pour l'un de mes anniversaires, et qui avait été installé là, pour que je puisse en profiter à chacune de mes venues. J'y passais des heures.

Mes grands-parents avaient eu un chien, *Blacky*, que j'avais peu connu, car j'étais encore assez petite. Peu avant sa disparition, mes grands-parents adoptèrent *Junior*, avec qui j'ai beaucoup partagé, et dont j'ai de très bons souvenirs. J'adorais ce chien, c'était une vraie « patte » ; il se laissait caresser, brosser, porter, il était d'une gentillesse… Une peluche ! Que rêver de plus, pour une enfant ? Quelle déchirure, lorsque je devais repartir !

Junior et moi, en 1996.

Ses chiens comptaient énormément

pour mon grand-père. Ils étaient comme ses enfants, sa raison de vivre. D'autant plus que, pour mes grands-parents, les sorties s'étaient raréfiées, au fil du temps. Non seulement ma grand-mère s'était peu à peu isolée dans sa maison, mais surtout, elle s'était renfermée sur elle-même. Elle avait perdu l'habitude, et le goût, de préparer de bons petits plats, elle qui était une excellente cuisinière. Elle avait commencé par ne plus quitter sa maison, jusqu'à rester cantonnée à l'étage. Au début, mon grand-père lui montait ses repas de temps à autre, puis ce rituel était devenu leur quotidien. Ils ne partageaient plus aucun repas ensemble.

Ma grand-mère vivait en haut, seule, alors que lui résidait en bas. Elle se cachait derrière des prétextes, se plaignait sans cesse de maux de ventre, de maux de tête, de fatigue… Elle s'inventait des maladies. C'était devenu un mode de vie. Elle avait fini par être totalement à la charge de mon grand-père.

Lui, allait faire les courses et s'occupait de ses animaux. Parfois, il s'arrêtait boire un verre chez l'un ou l'autre voisins. Quelquefois, il les invitait à passer, mais c'était assez rare. Ma grand-mère lui faisait des réflexions, s'il buvait un verre ou deux, si les courses n'étaient pas faites comme elle le souhaitait, s'il n'avait pas respecté le budget… J'adorais ma grand-mère, elle m'a toujours apporté beaucoup d'amour, mais il faut admettre qu'elle n'était vraiment pas facile à vivre.

Bien sûr, nous leur rendions visite de temps en temps, pendant les vacances ; mon oncle et ma tante également. Mais cela restait peu fréquent, et une grande majorité du temps, ils étaient seuls. Mon grand-père, qui appréciait de voir du monde, aurait aimé voyager, venir nous voir, sortir. C'était quelqu'un d'actif, qui avait toujours travaillé jusqu'à sa retraite... Il se sentait isolé, loin de tout, s'ennuyait des gens qu'il aimait. Mais il ne voulait pas laisser sa femme seule, elle qui refusait de bouger. Une routine ennuyante s'était installée. Et l'approche de l'été était un moment difficile pour lui, car, même s'il savait que nous venions passer quelques jours chez eux, voire une semaine ou deux, c'était aussi pour lui un temps où les seules personnes qu'il côtoyait habituellement partaient en vacances. Une raison supplémentaire de sentir encore plus seul.

Il reportait beaucoup ce manque sur son chien *Junior*, qui comblait sa solitude. Quand on dit que le chien est le meilleur ami de l'homme, c'est une vérité... Pour mon grand-père, il était même plus que cela : *Junior* était un membre à part entière de la famille. L'épreuve a été très difficile à gérer, lorsque *Junior* est mort de vieillesse, quelques mois avant le départ de mon grand-père. Ce dernier ne s'en remettait pas : son unique compagnon le quittait, et à ce moment-là — mais on l'apprit bien plus tard —, il fit une première tentative de suicide. C'était pour lui le coup dur de trop, la goutte d'eau qui faisait déborder le vase. Il se trouvait dans une impasse, seul, loin de tout, ne parvenant pas à remonter la pente. Mon grand-père en a beaucoup souffert, a beaucoup pleuré. Mais la vie avait continué, il avait tenu bon, jusqu'à ce fameux 23 juillet 1999.

Alors, est-ce que ce sont toutes ces

raisons qui l'ont poussé à en arriver à un tel geste ? La solitude ? La distance ? La récente perte de son chien ? La situation pesante avec ma grand-mère ?

Une multitude de questions auxquelles nous n'avons, et n'aurons pas, de réponses. Nous nous trouvons tous démunis, ce 23 juillet 1999, devant tant de peine, tant de colère et d'incompréhension.

L'annonce aux proches

Ma mère contacte mon père par téléphone pour le prévenir. Il prend aussitôt la route pour nous rejoindre en Normandie. À son arrivée, mes parents décident d'appeler ensemble le frère de ma mère, alors en vacances dans le Sud. Mais ma grand-mère a déchiré son numéro de téléphone, quelques semaines auparavant, sur un coup de colère — encore son bon caractère !

Ne disposant pas, à l'époque, de téléphones portables, et n'ayant pas non plus de répertoire téléphonique avec eux, mes parents n'ont aucun moyen de retrouver son numéro. Il leur faut donc téléphoner aux renseignements. Mais mon oncle est inscrit sur liste rouge, la personne qu'ils ont en ligne refuse de communiquer son numéro. Mon père insiste, explique la situation. Ils acceptent alors, s'ils parviennent à le joindre, de le prévenir qu'il doit rappeler chez ses parents de toute urgence. Ce qu'il fait. Je devine quel choc cela doit être pour lui, au bout du fil ! Lui qui se trouve en vacances, en famille, au bord de la plage. Entendre que son père vient de se suicider ! Bien sûr, il replie bagages au plus tôt, avec toute sa famille, et prend la direction de la région parisienne où il dépose ses enfants, encore très jeunes, avant de reprendre la route pour la Normandie.

Les coups de fils s'enchaînent pour prévenir toute la famille ; beaux-frères, belles-sœurs, cousins, cousines, collègues de ma mère…

L'enterrement

Le jour de l'enterrement arrive. Nous sommes le 27 juillet. Beaucoup de membres de la famille sont présents, pour s'épauler les uns les autres, et pour apporter leur précieux soutien à ma mère et à ma grand-mère.

Je me sens très seule, ce jour-là. Tout le monde entoure ma mère et ma grand-mère, ce qui est complètement normal. Mais ce que je ressens, c'est que, parce que j'ai seulement 15 ans, la plupart pensent que je ne comprends pas ce qu'il se passe, ou bien ils ne se rendent pas compte que je souffre et que la situation est très douloureuse pour moi aussi. Je ne peux pas leur en vouloir.

Heureusement, ma tante Sylvie, la femme de mon oncle, s'efforce de me réconforter tout au long de cette journée. Elle se tient à mes côtés et sa présence m'apporte beaucoup. Nous nous soutenons mutuellement. Une proximité, ressentie à cette occasion, qui aura tissé un lien fort entre nous, pour les années futures.

Ma grand-mère paternelle est également présente ; elle a fait la route depuis Avignon, ainsi que ma marraine. Et également, des collègues de travail de ma mère. C'est très touchant, très important pour nous d'avoir toutes ces personnes autour de nous. De voir que, bien qu'elles soient extérieures à la famille, et qu'elles n'aient pas connu mon grand-père, toutes ces personnes sont venues pour nous soutenir.

Avant la cérémonie au cimetière, la famille et les proches avaient la possibilité de se rendre au funérarium, pour adresser un dernier adieu à mon grand-père. Cependant, ma mère avait refusé que je m'y rende, craignant que cela ne me traumatise, vu mon âge. Je lui en ai voulu pendant longtemps, j'aurais tant voulu aller le voir. Mais, plus tard, j'ai compris qu'elle l'avait fait pour mon bien, que son souhait avait été de me protéger. Bien que j'aie regretté pendant des années de ne pas avoir pu dire au revoir à mon grand-père une dernière fois, et d'avoir gardé la terrible image de son visage en sang, je comprends désormais ma mère, et j'aurais certainement fait la même chose pour protéger mon enfant.

Après l'enterrement, nous nous sommes tous réunis chez mes grands-parents, autour d'une collation.

Je me souviens être allée m'occuper des poules, ce soir-là, pour la dernière fois. Ce seront en effet mes dernières vacances dans cette maison. À ce moment-là, je ne me rends pas encore compte, qu'il n'y aura plus de séjours en ces lieux que j'aime tant, que je ne verrai plus jamais mon grand-père, que tout cela vient de s'arrêter net, en à peine quelques jours, alors que j'étais seulement venue passer des vacances comme les autres, qui devaient se terminer riches en souvenirs. Mais il en a été décidé autrement.

L'après

Chacun a petit à petit repris la route. Mon frère et moi sommes partis le lendemain de l'enterrement avec ma grand-mère paternelle et ma marraine : nous sommes allés poursuivre nos vacances chez mes cousins et cousines, à Avignon, pour nous changer les idées. Nous avons été très entourés et tout le monde nous a beaucoup soutenus.

Nous sommes partis passer une semaine dans un chalet à la montagne, à La Clusaz, avec mes oncles et tantes, cousins et cousines. C'était très agréable, je garde de ce séjour un très bon souvenir. Pourtant, à aucun moment, je ne parvenais à oublier ce qui c'était passé. Je traversais des passages très durs. Et ce n'était que le début.

Mes parents, eux, étaient restés en Normandie pour quelques jours, afin de gérer l'urgence, d'un point de vue administratif, et également pour que ma grand-mère ne reste pas seule dans sa maison.

Quelques semaines après, ils nous rejoignaient sur Avignon. La situation commença à être tendue entre ma mère et moi. Elle était persuadée que je lui en voulais, que je reportais la faute sur elle. Elle connaissait les liens forts que nous avions tissés, avec mon grand-père. Elle savait que je souffrais terriblement. Et les choses devaient être encore amplifiées par le fait que j'étais en pleine adolescence. Nous commencions alors à être en opposition sur une quantité de choses, alors que nous avions été tellement proches jusque-là. Et cela n'allait faire que s'accentuer.

Les vacances se sont terminées, si l'on peut appeler cela des vacances ! Et le moment de rentrer chez nous est venu. Ma grand-mère a d'abord été hospitalisée quelques jours, puis elle est restée quelques semaines chez nous, le temps que nous lui trouvions une place en résidence pour personnes âgées. Il n'était pas envisageable de la laisser regagner sa maison si isolée, où elle aurait été seule.

Je retrouvais ma maison, mes copines, à qui je me confiais un peu. Ma mère m'a très vite proposé d'aller consulter un spécialiste, ce que j'ai refusé. Je pensais que cela passerait tout seul. J'étais adolescente, j'aspirais à reprendre ma vie d'avant, à aller au collège, à voir mes copines, comme si rien ne s'était passé… Mais je me suis vite rendue compte que cela ne pouvait pas en être ainsi. Après avoir repris les cours, je me suis peu à peu renfermée sur moi. Je n'en parlais à personne, pas même à mes parents. Surtout pas à mes parents. Car, c'est bien connu, ce sont les dernières personnes à qui l'on dit que quelque chose ne va pas, à cet âge. Entre nous, le sujet est devenu difficile à aborder, sans que personne ne l'ait voulu, et alors que nous avions toujours parlé de tout. C'était très dur, autant pour ma mère que pour moi.

Un jour, j'ai dit à ma meilleure amie : « Je pense que je vais aller voir un médecin, pour parler. » Elle m'a répondu : « C'est pour les fous, les psys, tu n'as qu'à me parler à moi ! »

Évidemment, qui n'a jamais tenu ce discours, ou qui ne l'a jamais pensé ? Surtout en tant qu'ado ! Je ne suis pas allée consulter, ou du moins, pas tout de suite. Était-ce à cause de cette réponse de ma copine ? Ou bien, tout simplement parce que je ne me sentais pas prête ? J'ai poursuivi mon année scolaire, qui a été un échec total alors qu'il s'agissait d'une année de redoublement. Je pensais énormément à mon grand-père et je gardais tout pour moi. Sans pour autant tout rapporter à cela, non plus : je n'étais pas particulièrement douée à l'école et je n'aimais clairement pas cela... Ce que je voulais, c'était arrêter l'école et travailler avec des enfants. Mais à 15 ans, il me fallait patienter un peu !

La vie continue

La vie a repris son cours. Ma mère n'a pas souhaité se faire aider dans l'immédiat. Pourtant, elle ne s'en remettait pas, et je ne peux que la comprendre.

Mon frère était né le même jour que notre grand-père. Ce fut une grande fierté et une immense joie pour lui, mais les premiers anniversaires qui suivirent son décès furent très douloureux pour ma mère. Bien sûr, elle essayait toujours de nous le cacher, pour ne pas gâcher la fête, mais malgré tous ses efforts pour prendre sur elle, nous ressentions sa souffrance. Mon frère était trop petit pour pouvoir s'en souvenir, il n'avait que 3 ans. Il ne savait pas vraiment ce qu'il se passait, et c'était bien qu'il puisse être épargné, mais, à travers nous, il souffrait certainement de la situation, indirectement.

Mes parents ont pu trouver une place pour ma grand-mère dans un établissement pour personnes âgées, à seulement quelques mètres de chez nous. C'était très pratique, pour aller la voir. Il s'agissait d'un ensemble d'appartements, ce qui lui permettait de garder son indépendance, tout en ayant la possibilité de partager des moments avec les autres résidents, de prendre des repas en commun, si elle le souhaitait, et de participer à des activités. Au début, elle restait le plus souvent enfermée chez elle, puis, petit à petit, elle a pris goût à rencontrer d'autres personnes, à profiter des animations proposées ; elle a commencé à accepter des invitations à des repas dans la famille — bien qu'il nous faille la pousser un peu, tout de même... Malheureusement, ce changement n'a duré qu'un temps, et le naturel est revenu au galop ! Elle se plaignait de douleurs au dos, au ventre, à la tête... Il y avait toujours quelque chose qui n'allait pas, une bonne raison pour ne pas sortir, pour ne plus descendre dans la salle commune. Elle a fini par définitivement se renfermer dans son logement. Ma grand-mère ne s'est pas confiée après le décès de mon grand-père. Nous n'avons jamais vraiment su ce qu'elle ressentait, ni comment elle le vivait. Elle n'a pas consulté de médecin, préférant garder tout cela pour elle, ce qui a dû terriblement la ronger.

Se confier pour s'en sortir

Environ deux ans s'étaient écoulés lorsque que je me suis décidée à aller consulter un spécialiste, après en avoir parlé avec ma mère et mon médecin généraliste. Celui-ci m'a conseillé quelqu'un de très bien. Ma mère m'a accompagnée au premier rendez-vous, mais elle est restée dans la salle d'attente.

Cette première séance, je m'en rappelle comme si c'était hier. Je me souviens même du nom du psychiatre : le docteur Maradji. Il m'a demandé de parler, de lui dire pourquoi je venais le voir. J'ai répondu que je ne savais pas quoi dire et que c'était à lui de me poser des questions. Je ne serais pas là,

si j'arrivais à me confier facilement ! Cela faisait deux ans que je ne parlais pas, ou si peu, et lui voulait que je me confie comme cela, dès notre première entrevue ! Avec le recul, je comprends qu'il cherchait à savoir où j'en étais...
À la fin de la séance, j'ai rédigé le chèque de règlement, mais au moment de le détacher du chéquier, impossible de décrocher ce maudit bout de papier, tant je tremblais comme une feuille. J'avais très souvent — quasiment tout le temps — des tremblements, mais là c'était pire. Je m'énervais, les larmes montaient, la pression était de plus en plus forte, comme si tout remontait à la surface, à la fin de cette première consultation. Je lui ai tendu le chéquier pour qu'il le fasse à ma place, mais il a refusé, m'indiquant de prendre le temps qu'il me fallait, que j'allais y arriver. J'ai pris

une grande inspiration et, tout doucement, j'ai détaché ce chèque et lui ai présenté. Nous avons programmé le prochain rendez-vous, et nous sommes quittés.

Lors de la séance suivante, le thérapeute m'a prescrit un traitement. J'étais réticente à l'idée de prendre des antidépresseurs à l'âge de 17 ans, mais il m'a dit que c'était nécessaire, que j'avais gardé trop longtemps tout cela pour moi et que j'avais besoin d'aide. Effectivement, au fil du temps, les séances et le traitement m'ont fait beaucoup de bien. J'arrivais à me confier et à prendre du recul. Bien sûr, ce que j'avais vécu était traumatisant, mais avec l'aide de ce médecin, j'ai compris que je ne pouvais pas tout remettre sur le décès de mon grand-père. Il était facile de dire : « Aujourd'hui je ne vais pas bien car mon grand-père est décédé il y a deux ans », ou bien « Je ne travaille pas à l'école parce que j'ai perdu mon grand-père ». Non, tout n'était pas dû à cet événement.

Les rendez-vous se poursuivaient à intervalles réguliers. À la fin de plusieurs entretiens, il me demandait d'écrire ce que je ressentais et de lui rapporter la fois prochaine. Ce que je faisais assez naturellement et facilement. Écrire m'a toujours fait du bien et aidé à m'exprimer.

Je me confiais de plus en plus, lors des séances, je sortais peu à peu de mon silence. Car, même s'il est difficile de parler du suicide, il est encore plus douloureux de se taire. Le silence tue, renferme sur soi-même.

J'ai aussi appris à ne plus en vouloir à mon grand-père, cela m'a pris du temps, plusieurs années même, mais j'y suis arrivée. J'étais en colère contre lui pour ce qu'il avait fait, je le trouvais égoïste, lâche. J'en voulais également beaucoup à ma grand-mère, me disant que cette situation de couple avait dû pousser mon grand-père à bout. Finalement, je crois que j'en aurais voulu à la terre entière. Mais, avec le temps, et grâce à cette thérapie, j'ai compris que cela ne servirait à rien, d'essayer de comprendre ou de juger qui que ce soit pendant des années. Cela n'enlèverait rien à ma peine, bien au contraire.

Au début, j'y pensais des journées entières, puis cela a été quelques fois par jour, et enfin, de temps en temps. Pendant des années, j'ai eu cette dernière image en tête, celle de mon grand-père allongé dans les bras de ma mère, gémissant, avec du sang coulant le long de son visage. Impossible d'oublier, et je ne cherche pas à le faire, mais la douleur s'est atténuée avec le temps, et malgré des moments plus durs que d'autres, j'ai essayé de me souvenir uniquement des bons moments que nous avons vécus.

Trois ans après le drame, ma mère a éprouvé le besoin d'entamer elle aussi une thérapie pour parvenir à surmonter sa peine.

Début d'une vie professionnelle

J'ai arrêté les études à mes 18 ans, avec l'accord de mes parents. Même s'ils n'ont pas accueilli cette nouvelle avec joie, ils connaissaient mes projets et ils savaient que j'irais jusqu'au bout. Je ne choisissais pas de rester à ne rien faire à la maison ; d'ailleurs, ils ne l'auraient pas accepté, ce qui était tout à fait normal.

Dès que l'année scolaire s'est terminée, j'ai passé mon BAFA : j'ai validé la partie théorique au mois de juin, puis la partie pratique en août, en encadrant des enfants pendant trois semaines, dans une colonie de vacances. En octobre, je trouvais mon premier emploi en tant qu'animatrice dans une école proche de chez moi.

J'assurais les garderies du matin, les cantines, les garderies du soir, les mercredis et les vacances scolaires. J'étais épanouie et je me sentais dans mon élément. Cela m'a également apporté une grande fierté, d'arriver à trouver cet emploi seule et en si peu de temps. N'ayant pas fait beaucoup d'études, on doute beaucoup de ses capacités et de son avenir.

Ce travail m'a fait énormément de bien, il m'a beaucoup aidée à surmonter mes difficultés, et à aller de l'avant. C'est à peu près à cette période que j'ai pu arrêter mon traitement ainsi que les séances chez le psychiatre. Je me sentais vraiment bien auprès des enfants, ils m'apportaient un bien-être, de la joie, grâce à leur innocence et leur gaieté. Je faisais du baby-sitting le soir et le week-end depuis que j'avais 15 ans, c'était une vraie passion.

À l'âge de 20 ans, j'ai rencontré quelqu'un. Je suis partie de chez mes parents quelques mois plus tard, et me suis mariée. Ma nouvelle situation m'éloignait un peu de mon lieu de travail, et mes nombreux allers-retours quotidiens étaient une vraie contrainte. Je me rendais aussi compte que, bien qu'aimant vraiment ce que je faisais, je ne m'imaginais pas exercer le métier d'animatrice indéfiniment. Dans les mois qui ont suivi, j'ai donc changé de voie professionnelle, en acceptant un poste d'accueil et de secrétariat. J'aimais le contact avec le public, et l'équipe dans laquelle je me trouvais, me chouchoutait ! C'était une nouvelle expérience qui démarrait. J'ai toujours été très indépendante et je ne suis jamais restée sans emploi à partir du jour où j'ai commencé à travailler.

Ma vie professionnelle m'a beaucoup

aidée à surmonter les difficultés rencontrées après la disparition de mon grand-père. Je ne pense pas que l'on se remette vraiment de la perte d'un être cher, quelles que soient les circonstances, mais le suicide est un acte particulièrement traumatisant pour l'entourage proche. Un choix tragique, que l'on ne comprend pas et que l'on ne peut pas accepter. Il y a tant de belles choses dans la vie, tant de moments précieux, que l'on a du mal à comprendre comment certaines personnes en arrivent à un point de non-retour. À un point tel qu'elles n'ont plus goût à rien, et que même leur entourage ne parvient pas à les retenir. C'est un mal-être profond que nul n'arrive à guérir.

Ma vie professionnelle m'a vraiment aidée à me remettre et à aller de l'avant.

Et ça recommence !

Sept ans après la mort de mon grand-père, en juin 2006, mon parrain, le beau-frère de mon père, est décédé en se donnant la mort. Pas de la même façon, pas dans les mêmes conditions. Il l'a fait seul, dans sa voiture, sur un terrain vague à quelques kilomètres de chez lui, dans son village de Malemort-du-Comtat, en avalant une forte dose de médicaments et d'alcool. Après avoir ingéré ce mélange, il a téléphoné à ses enfants pour leur dire adieu, sans leur préciser à quel endroit il se trouvait, sans leur donner plus d'explications ; en leur disant seulement qu'il s'en allait pour toujours, qu'il était en train de mourir.

Ils ont tout de suite téléphoné aux gendarmes, qui n'ont pu le retrouver que le lendemain. Il était trop tard.

Il est parti en laissant sa femme et ses trois enfants, âgés de 13, 17 et 20 ans. Ma cousine m'a téléphoné pour m'annoncer la douloureuse nouvelle, tandis que ma grand-mère joignait mes parents pour le leur dire. Le téléphone sonnait de tous les côtés, les mots se confondaient… Je ne comprenais absolument pas ce que m'expliquait ma cousine, je n'y croyais pas. Surtout, qu'avec la distance, il est encore plus difficile de se rendre compte du mal-être ou de la souffrance des personnes que l'on aime. Mon parrain paraissait être quelqu'un de si jovial, avec beaucoup d'humour, très sociable. Mais l'enveloppe extérieure d'une personne ne reflète pas toujours ce qu'elle vit intérieurement.

Au lendemain de l'annonce de cette terrible nouvelle, nous avons pris la route pour être aux côtés de notre famille, et nous sommes restés auprès d'eux jusqu'à la cérémonie d'enterrement. Un traumatisme de plus qui n'était pas sans réveiller des souvenirs. Je suis allée voir mon parrain au funérarium. Il était beau, apaisé ; on aurait pu croire qu'il était seulement endormi et qu'il allait se réveiller d'un moment à l'autre. Nous étions tous très liés et j'ai essayé de soutenir au mieux mes cousins et cousines. Je me mettais tellement à leur place… Mais, à la fois, nous sommes tous différents, nous réagissons chacun à notre manière, difficile de savoir exactement ce qu'ils pouvaient ressentir dans de telles circonstances. Perdre son papa à cet âge-là, dans ces conditions, en l'ayant entendu nous dire au revoir par téléphone la veille ! Quelle horreur, quel traumatisme !

Nous sommes repartis le lendemain de l'enterrement. Je suis retournée travailler, et une fois de plus, la vie a repris son cours.

Quelques mois plus tard, je me séparais de mon mari. C'était un peu moins de trois ans après notre union. J'étais très jeune, quand je me suis mariée avec lui. Il s'agissait de ma première expérience de vie de couple, et elle s'avérait ne pas vraiment être celle dont je rêvais. Nous ne nous connaissions pas suffisamment et nous nous sommes précipités, mais nous n'étions pas sur la même longueur d'onde. Heureusement, nous n'avions pas eu d'enfants ensemble, ce qui a permis de limiter la casse.

Se reconstruire

Le 18 août 2007, à l'occasion du mariage de ma marraine, j'ai pris la direction du Sud, en train. Je faisais seulement un aller-retour dans le week-end car je ne pouvais pas prendre de congés. C'était un peu plus d'un an après le décès de mon parrain. Mais, même si nous avons tous pensé énormément à lui durant cette journée, nous étions présents pour ma marraine et mon oncle, pour célébrer leur union et pour faire la fête. Le soir de la cérémonie, j'ai fait la rencontre de Fred, qui était chargé d'assurer l'animation du mariage. Nous nous sommes assez rapidement rapprochés ; comme moi, il sortait d'une séparation. Cela a été comme une évidence entre nous, un coup de foudre. Après la fête, nous avons passé plusieurs heures ensemble et le moment de nous quitter a été une vraie déchirure. Nous nous sommes évidemment échangé nos coordonnées et promis de nous revoir rapidement. J'ai repris la route pour Paris le lendemain. Fred et moi nous appelions tous les jours, nous passions des heures au téléphone. Deux semaines après notre rencontre, il venait le temps d'un week-end me voir sur Paris. Et, de nouveau, dix jours plus tard. Nous étions devenus inséparables. Peu de temps après, j'ai quitté mon appartement et mon emploi, pour pouvoir rejoindre Fred et m'installer dans le Sud. J'ai tout laissé du jour au lendemain, sans aucuns regrets. Nous nous sommes installés chez mes grands-parents pendant trois semaines, le temps de trouver un logement. C'était l'occasion pour moi, de prendre un nouveau départ. Je ne voulais pas laisser passer ce bonheur.

Cela fait maintenant onze ans que nous sommes ensemble. Fred et moi nous sommes mariés en 2011, et nous avons eu un merveilleux petit garçon, aujourd'hui âgé de 8 ans, « Noé ». Nous sommes très heureux tous les trois. Mon mari m'a toujours soutenue. Même s'il m'a connue longtemps après le décès de mon grand-père, je lui ai toujours tout raconté. J'ai la chance de pouvoir lui en parler librement, et il comprend ce que j'ai vécu. Fred a malheureusement perdu son papa lorsqu'il avait 13 ans ; celui-ci est décédé sous ses yeux, d'une rupture d'anévrisme. Et sa maman s'est fait renverser par une voiture, en février 2000, elle est décédée sur le coup. Fred a énormément souffert aussi, ce furent deux chocs très brutaux. Nous discutons très souvent ensemble, nous nous soutenons mutuellement et partageons beaucoup de souvenirs. Les meilleurs comme les plus mauvais. Car, même si les années passent, les souvenirs demeurent.

Mes parents vivent toujours en région parisienne, mais ils viennent nous voir régulièrement. Noé les adore, son papi et sa mamie comptent tellement pour lui ! Tous les trois ont des liens très fusionnels, ils partagent beaucoup de moments ensemble. Noé aime partir en vacances avec ses grands-parents, il les recherche souvent pour jouer avec eux. Et puis, il sait profiter des privilèges qu'il peut avoir avec son papy et sa mamie ! Je suis très heureuse qu'il entretienne des liens aussi forts avec eux, comme ceux que j'ai pu tisser avec mes propres grands-parents, cela me rappelle d'excellents moments. Je sais combien les grands-parents peuvent être importants dans la vie d'un enfant. Et j'espère que cela durera le plus longtemps possible.

J'ai perdu ma grand-mère maternelle, il y a quatre ans, d'un cancer. J'avais toujours imaginé que je souffrirais moins à son décès qu'à celui de mon grand-père. C'était une erreur ! Cela été très dur, beaucoup plus que je ne l'aurais cru. La souffrance a été différente, mais elle a été bien présente. Je pense qu'en perdant ma grand-mère, les liens petite-fille à grands-parents que j'avais, les souvenirs de vacances, la maison en Normandie, tout cela disparaissait définitivement.

Ma grand-mère était depuis quelques années dans une maison de retraite

médicalisée, située à deux heures de Paris. Je ne la voyais donc quasiment plus. Mais, quelques mois avant son décès, au mois de mai, j'étais montée en voiture avec Noé, pour lui rendre visite. Ma maman nous avait rejoints en train. C'est un excellent souvenir : ma grand-mère nous attendait impatiemment, elle nous avait confectionné des petits cadeaux en pâte à sel à l'aide du personnel de la maison de retraite. Elle était si fière et excitée à l'idée de nous les offrir. Comme une petite fille. C'était un moment touchant et émouvant. Je suis très heureuse que nous ayons pu aller la voir, car ce fut la dernière fois. Elle nous quittait au mois d'août. Noé l'a peu connue, mais il se souvient encore de ce court séjour, et il conserve les petits cadeaux qu'elle lui avait offerts.
En trois mois de temps, mes deux

grands-mères sont décédées, toutes les deux de cancers, maladie du siècle ! Bien sûr, nul n'est éternel, et en avançant dans le temps, l'on sait que c'est dans l'ordre des choses de perdre ses grands-parents. Mais l'on n'est jamais prêt pour faire face au décès des êtres qui nous sont chers, quel que soit leur âge. Après avoir répondu à la question : « Quel âge avait-il ou avait-elle ? », après 80 ans, l'on entend souvent la réflexion : « Il ou elle a bien vécu ! » Comme si la souffrance ressentie par l'entourage s'évaluait en fonction de l'âge de la personne disparue… Évidemment, le départ d'un enfant, ou de quelqu'un de jeune, est un événement dont on ne se remet jamais. Mais la perte d'un proche, quel que soit son âge, est une épreuve terriblement difficile, de toute façon. Pour aider à accepter, on a

l'habitude de dire que « C'est la vie ! ».
Une phrase que je trouve horriblement
difficile : dire que la mort fait partie de
la vie ! Et pourtant, c'est bien le cas.
Lorsque mon grand-père s'est suicidé,
il avait 71 ans, mais je continue de me
dire qu'il lui restait encore de belles
années devant lui…

On n'oublie pas

Aujourd'hui, cela fait dix-neuf ans, que mon grand-père n'est plus là. Qu'il me manque toujours, que je regrette qu'il ne m'ait pas vue grandir, évoluer, qu'il n'ait pas connu mon mari, et notre fils. Dix-neuf ans que je voudrais que tout cela ne se soit jamais passé. Je voudrais tant qu'il soit toujours à nos côtés, qu'il soit présent, pour ma mère. Il aurait fêté ses 90 ans cette année, le 4 avril. Ou bien, il ne serait plus là, il serait peut-être décédé de vieillesse. Cela n'aurait certainement pas été la même souffrance. Mais avec des si, on refait le monde, et malheureusement, on ne peut pas revenir en arrière, et cela n'aurait certainement rien changé. Si cela n'avait été cette fois-là, il aurait peut-être commis ce geste à un autre moment. Ce qui doit arriver, arrive. S'il l'a fait à ce moment-là, alors que nous étions présents, il avait ses raisons. Certainement sa manière à lui de nous voir une dernière fois, de ne pas laisser ma grand-mère seule, de s'assurer que nous soyons présents pour nous occuper d'elle. Je ne crois pas au hasard. Je pense qu'il avait programmé sa fin, non pas pour nous faire du mal, mais pour arrêter de souffrir. Aujourd'hui, je ne crois plus que le suicide soit un acte égoïste ou lâche, mais plutôt une impasse, dont il est impossible pour la personne de se sortir.

Cela faisait des années que j'avais le souhait d'emmener mon mari et notre fils en Normandie, de leur faire découvrir l'endroit que j'ai tant aimé. Ce rêve s'est réalisé en décembre 2017. Nous fêtions Noël chez mes parents à Paris, et avions décidé d'en profiter, pour aller passer une journée à Ceaucé. Malgré une distance d'environ 400 km depuis la maison de mes parents, un aller-retour dans la journée serait possible. Nous avons donc pris la route le mardi 27 décembre, ma maman, Fred, Noé et moi. Nous sommes arrivés en fin de matinée devant la maison qu'occupaient mes grands-parents. Nous avons stationné en bord de route, afin de descendre quelques instants de la voiture. La maison était comme dans mes souvenirs. J'attendais ce moment depuis des années. Ce fut intense, émouvant, j'en ai encore des frissons en l'écrivant. Quelques travaux de rénovation étaient en cours, au vu des gravas dans la cour, devant le portillon, et des fenêtres refaites à neuf. Cependant, la maison paraissait inhabitée. Ma mère et moi avons supposé qu'elle était en train d'être refaite dans le but de créer des logements indépendants, sans que nous en ayons la certitude. Ce qui comptait pour moi était que la bâtisse ne soit pas à l'abandon, et qu'elle ne soit pas détruite, ce que je redoutais le plus en venant. Nous avons fait le tour et sommes entrés dans le jardin par le grand portail fermé à l'aide de chaînes. Nous avons seulement fait quelques pas, avec ma mère, et sommes restées une poignée de minutes avant de regagner la voiture. Nous avons pris le chemin du cimetière, situé à quelques kilomètres seulement, pour aller nous recueillir sur la tombe de mon grand-père. J'étais soulagée de voir qu'elle n'était pas délabrée, malgré le fait que personne n'ait la possibilité de venir l'entretenir. Nous avons repris la route en direction du centre ville de Domfront, avec l'idée de retrouver la petite boutique où j'allais si souvent dans mon enfance. Elle existait encore ! Après un échange avec la dame qui tenait ce magasin, elle nous apprit que la boutique était dans la famille depuis 70 ans. Noé regardait les articles avec les mêmes yeux que les miens lorsque j'étais enfant. Les jouets, la papeterie, la maroquinerie, toutes ces choses me paraissaient inchangées, comme si le temps s'était arrêté. Un moment très fort, encore. Après une pause pour nous restaurer, nous avons entrepris de faire un petit tour, malgré le froid, dans le parc du château de Domfront. Nous avons couru vers les balançoires, le toboggan… Cela me rappelait tellement de bons moments. L'heure du retour avait sonné. Ce fut une journée intense, riche en émotions. Ce voyage revêtait une telle importance à mes yeux… Je me sentis soulagée et apaisée d'avoir pu le faire. Je ne sais pas si d'autres occasions se présenteront, pour me permettre de le refaire, mais le fait d'avoir pu retourner en ces lieux, et d'autant plus aux côtés de mon mari, m'a apporté une immense satisfaction.

Le phénomène suicide

Beaucoup de personnes ont dans leur entourage plus ou moins proche quelqu'un qui a choisi de mettre fin à ses jours. Ce n'est malheureusement pas un acte rare. Des parents perdent leur enfant de cette manière. Parmi mes lectures, j'ai été particulièrement touchée par *Marion, 13 ans pour toujours*. L'histoire d'une jeune fille qui souffrait de harcèlement scolaire, jusqu'à commettre l'irréparable. Un livre très dur, mais très bien écrit, et qui m'a vraiment bouleversée. Sa maman raconte quel choc elle a vécu, en arrivant dans la chambre de sa fille de 13 ans, et en la retrouvant pendue.

Quelle souffrance de perdre son enfant, mais en plus, dans ces conditions ! Découvrir son corps sans vie, si jeune. Cette maman a traversé différentes étapes : celles des questions, de la non-compréhension, celle de la colère envers sa fille « Pourquoi ne m'a-t-elle pas parlé ? », envers les autres, celle de la culpabilité « Pourquoi l'ai-je laissée seule ? Comment n'ai-je rien vu venir ? », ce fameux « Pourquoi ? » que l'on ne cesse de se répéter, et puis, tout simplement, celle de la tristesse. Ce livre donne du courage et apporte du soutien aux personnes qui ont vécu la même chose, aux parents qui ont perdu leur enfant, ou un proche, de cette manière.

Le suicide est vraiment un acte traumatisant pour ceux qui restent. Que ce soit l'entourage de celui qui s'en va, famille, amis, ou les personnes extérieures qui y sont confrontées, malgré elles. Comme ces chauffeurs de train, qui, brutalement, comprennent qu'une personne vient de se jeter sur les rails, ou ceux qui retrouvent un de leur collègue pendu, en arrivant sur leur lieu de travail ! Qui n'a pas dit une fois, sous le coup de l'énervement ou de la plaisanterie :« Je vais me pendre ! » ? Mais, de là à passer à l'action, à se dire au revoir à soi-même, à couper court du jour au lendemain, d'une minute à l'autre, avec tout, avec la vie, avec la famille, l'entourage…

Je ne sais si l'on peut éviter à quelqu'un de mettre fin à ses jours. Mais je pense qu'il faut parler, se confier, ne pas avoir peur d'évoquer ce sujet qui entraîne tant de drames et de souffrances. On ne parle pas assez du suicide et pourtant, il provoque un nombre de morts important chaque année. Il a d'ailleurs été constaté qu'il y a davantage de morts volontaires que d'accidents de la route.

Mon projet d'écrire

Cela fait très longtemps, que je veux écrire tout ce que j'ai sur le cœur, que je commence, puis m'arrête. Cette épreuve reste très dure à évoquer, même si dix-neuf années ont passé ; mais il était important que je puisse mettre sur papier tout ce que je ressentais. Coucher les mots posément avec du recul, du calme. J'ai connu beaucoup de périodes de doutes, d'hésitation, de manque de confiance en moi mais l'encouragement, le soutien, l'aide de mon entourage m'ont permis de me jeter à l'eau, d'aller jusqu'au bout de ce projet si important à mes yeux.

Il était également essentiel pour moi que ma mère sache, à travers ces écrits, que je comprends à quel point elle a souffert et souffre encore aujourd'hui, combien ce qu'elle a vécu l'a marquée pour toujours. J'aurais aimé que nous parvenions à parler toutes les deux à propos de tout ce que nous ressentions l'une et l'autre, mais nous n'y sommes jamais arrivées, alors que je reste persuadée que nous en avions toutes les deux envie. Il est toujours plus difficile de se confier à quelqu'un de proche qu'à une personne extérieure. Mais ce qu'elle doit savoir par-dessus tout, et que je ne lui dis que trop peu souvent, c'est que je l'aime énormément et que je n'ai jamais cessé de l'aimer.

J'ai écrit, selon mes souvenirs, ce que j'ai vécu, ce que j'ai ressenti, en essayant de rester au plus près des faits, mais, face à un même événement et selon son âge, chacun a sa manière de réagir, d'être touché, d'interpréter les situations, et certains détails peuvent prendre une plus grande importance.

Remerciements :

Tout d'abord, je tiens à remercier une amie, Maud, qui m'a suivie tout au long de l'écriture de ce récit, elle m'a relue, corrigée, conseillée, encouragée.

Mon mari, qui m'a soutenue et m'a incitée à rédiger ce livre. Je ne sais pas si je serais allée jusqu'au bout sans lui.

Ma maman, qui a répondu à toutes mes questions et interrogations, sans hésiter, malgré ses difficultés à évoquer ces moments.

Mon oncle, Eric, dont je suis très proche, et à qui j'ai fait lire mon premier brouillon ; il a accepté, alors que c'était une épreuve pour lui, de se replonger dans ce passé si douloureux.

Jean-Louis, qui a toujours mis tout son cœur et son énergie dans son rôle de père et de grand-père et continue de le faire.

Je remercie mes amis, qui répondent toujours présents dans les bons comme dans les mauvais moments et qui me prouvent que lorsqu'on entreprend quelque chose qui nous tient à cœur, il faut aller jusqu'au bout et ne pas baisser les bras.

Table des matières

Les vacances — *p. 5*

Maman et moi — *p. 10*

L'arrivée de Jean-Louis — *p. 14*

Un nouveau départ à quatre — *p. 21*

Un été pas comme les autres — *p. 25*

Leur vie en Normandie — *p. 39*

L'annonce aux proches — *p. 47*

L'enterrement — *p. 49*

L'après — *p. 53*

La vie continue — *p. 58*

Se confier pour s'en sortir — *p. 61*

Début d'une vie professionnelle — *p. 67*

Et ça recommence — *p. 71*

Se reconstruire — *p. 75*

On n'oublie pas — *p. 83*

Le phénomène suicide   *p. 89*

Mon projet d'écrire   *p. 93*

Remerciements   *p. 96*